FRAG MICH WAS

Marilis Lunkenbein

Indianer

Illustriert von Andreas Piel
Mit vielen lustigen Zeichnungen
von Angelika Stubner

ISBN 978-3-7855-4843-1
Veränderte Neuausgabe 2011
3. Auflage 2011
© 1995, 2003 Loewe Verlag GmbH, Bindlach
Umschlagillustration: Hauke Kock
Vignetten: Angelika Stubner
Printed in Italy (011)

www.loewe-verlag.de

Inhalt

Wer gab den Indianern ihren Namen?

Das war Christoph Kolumbus, der Entdecker Amerikas. Der Name „Indianer" zeigt, dass Kolumbus einem großen Irrtum aufgesessen war. Denn als er vor 500 Jahren Amerika entdeckte, glaubte er, in Indien zu sein. Deshalb nannte er die ersten Menschen, denen er am Strand begegnete, Indianer.

● Die verschiedenen Indianergruppen haben sich schon vor Jahrtausenden über ganz Amerika verteilt. Die Hauptgruppen wie die Küsten-Indianer, die Prärie-Indianer, die Wald-Indianer, die Pueblo-Indianer, die Azteken und die Maya-Indianer unterteilen sich in viele Stämme.

Vor vielen Tausend Jahren sind die Indianer aus Asien nach Amerika eingewandert. Ihr Weg führte über eine schmale eisige Landbrücke im Norden. Sie ist später im Meer versunken.

Blackfeet

Cree

Wald-Indianer

Sioux

Schoschonen

Cheyenne

Irokesen

Prärie-Indianer

Küsten-Indianer

Shawnee

Navajo

Comanchen

Apachen

Seminolen

Azteken

Wie sehen die Indianer aus?

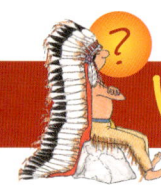

Das Aussehen der Indianer ist recht unterschiedlich. Es hängt sehr von der Umwelt ab, in der sie leben, und von der Arbeit, der sie nachgehen. So unterscheidet sich ein Seminole, der im sumpfigen Dschungel Floridas lebt, in seinem Äußeren sehr von einem Apachen aus den heißen Kaktuswüsten Arizonas.

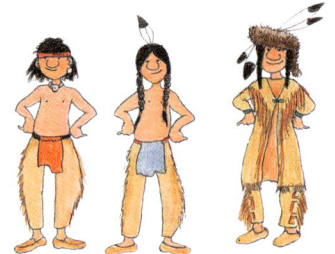

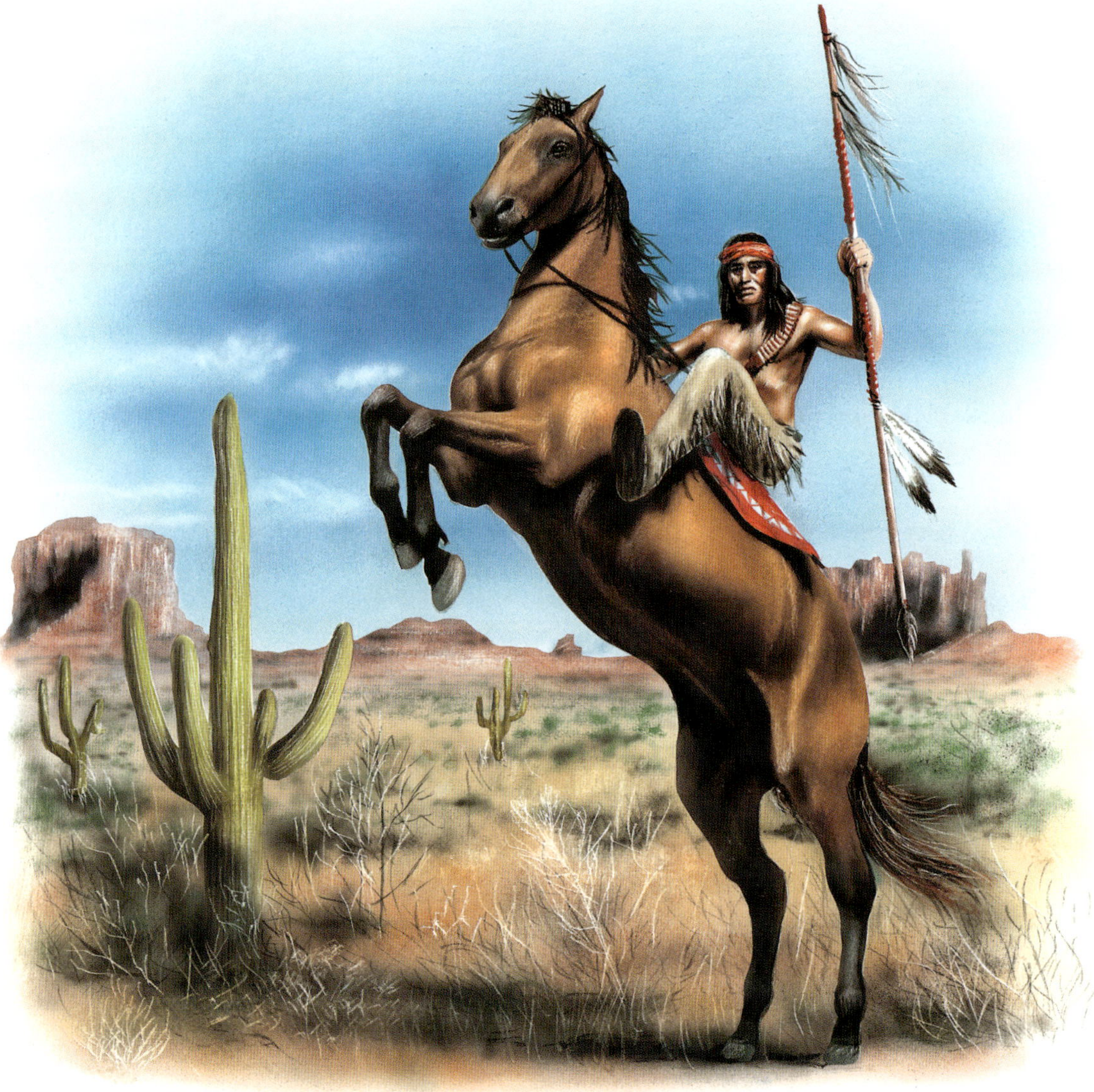

● Wer an Indianer denkt, so wie wir sie aus Filmen und Abenteuerbüchern kennen, meint vor allem zwei Stämme. Da ist einmal der Stamm der Sioux (sprich: Suh). Sie sind die Indianer mit Federhaube, Lederbekleidung, Pferden, Tipi und Bisons. Der andere berühmte Stamm sind die Apachen. Die Sioux und die Apachen sind aber nur zwei von vielen Stämmen.

Osceola war ein berühmter Häuptling der Seminolen, die in Florida, im Südosten Nordamerikas, lebten.

Ein **Cheyennekrieger** mit seiner Tanzhaube. Die Cheyenne gehören ebenso wie die Sioux zu den Prärie-Indianern.

Die Namen der wichtigsten Indianerstämme: Mit Stammesvermischungen und Untergruppen gab es wohl mehrere Hundert.

Apachen	Mandan
Algonkin	Mohikaner
Arapahoe	Navajo
Blackfeet	Nez Percé
Cherokee	Nootka
Chickasaw	Osage
Comanchen	Paiute
Cree	Pawnee
Cheyenne	Powhatan
Crow	Sauk
Chippewa	Seminolen
Delaware	Shawnee
Fox	Schoschonen
Hopi	Sioux
Huronen	Ute
Irokesen	Wichita
Kiowa	

Indianer in neuer Heimat

Die meisten Indianervölker leben schon lange nicht mehr in ihren ursprünglichen Heimatgebieten, denn schon bald nach Kolumbus strömten viele weiße Siedler und Abenteurer in das neue Land und nahmen den Indianern ihr Eigentum weg. Sie rodeten die Wälder, schossen die Büffel ab und vertrieben die Menschen. Die Überlebenden wurden in Reservate verbannt. Das sind Gebiete, in denen nur Indianer leben. Ein Großteil der indianischen Bevölkerung in den USA lebt noch heute in Reservaten.

Was glauben die Indianer?

Die Indianer empfinden sich selbst als einen Teil der Erde und Natur, in der sie die Kraft Manitus, des „Großen Geistes", sehen. Wer gegen die Natur sündigt, sie zerstört und ausbeutet, beleidigt Manitu, den Großen Geist.

Zu den wichtigsten Mitgliedern eines Indianerstammes zählt der **Medizinmann**. Er ist Zauberarzt, Priester, Wahrsager und Weiser in einer Person.

Der sogenannte **Totempfahl** war vor allem bei den Küsten-Indianern des Nordwestens verbreitet.

Ein **Totem** ist das religiöse Symbol einer jeden Sippe. Meistens ist es ein Tier, manchmal auch eine Pflanze oder ein anderer Gegenstand.

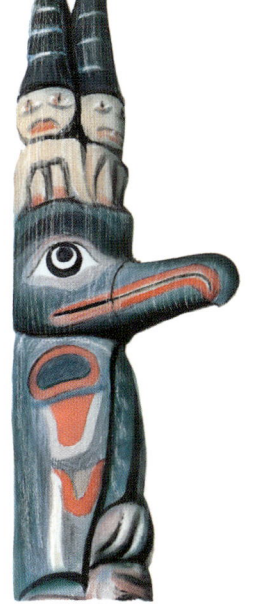

Die Indianer bestatteten ihre Toten auf Bäumen oder hohen Gerüsten, damit sie vor wilden Tieren sicher waren. Die Seelen der Toten wurden verehrt, gefeiert und bei Problemen sogar um Rat gefragt.

Wie verständigten sich die Indianer?

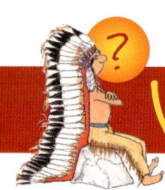

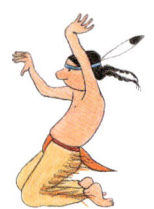

Die Indianer verständigten sich nicht nur durch Sprache und Schrift. Mit Rauchsignalen konnten sich die Indianer über weite Entfernungen hinweg Nachrichten zukommen lassen, ganz ohne Telefon. Zudem hatten sie eine Körpersprache, die aus Zeichen und Gebärden besteht, und eine Bilderschrift.

Auf einem Felsen entzünden die Indianer ein Feuer und bedecken es mit feuchtem Gras. Dann ziehen sie über den Rauch in einem bestimmten Rhythmus eine Decke.

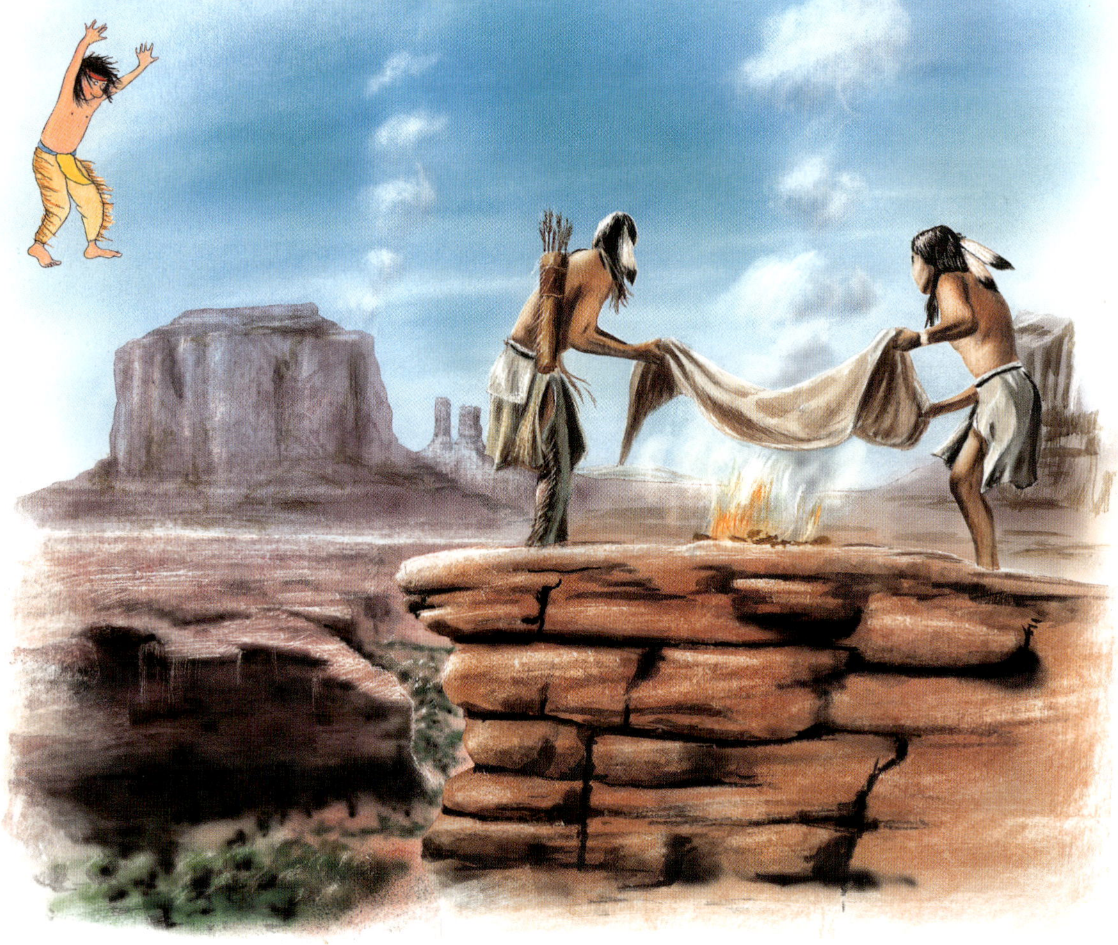

● Bilder waren den Indianern wichtiger als alle Schriftzeichen. Mit Gesichtsbemalungen und der Bilderschrift wurden ganze Geschichten erzählt. So konnten sich die Indianer, die verschiedenen Stämmen angehörten und eine unterschiedliche Sprache hatten, ohne Probleme miteinander verständigen.

Siegreich ins Lager heimkehrender Krieger

Tod (oder: hat einen Feind getötet)

Bitte um fruchtbaren Regen

zusammentreffen

sprechen

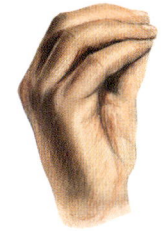

ich

essen (Hunger)

Freund

viele

15

Wie lebten die Indianer?

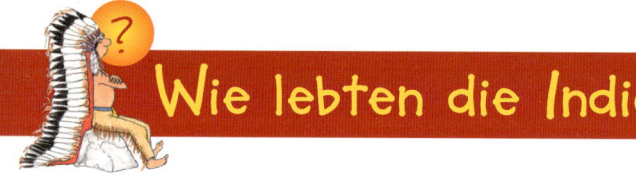

Sehr wichtig waren für die Indianer Sport und Spiele, denn so hielten sie sich auch in Friedenszeiten fit und kampfbereit. Da gab es wilde Pferderennen, Wettläufe, Ballspiele, Weitwerfen und Bogenschießen.

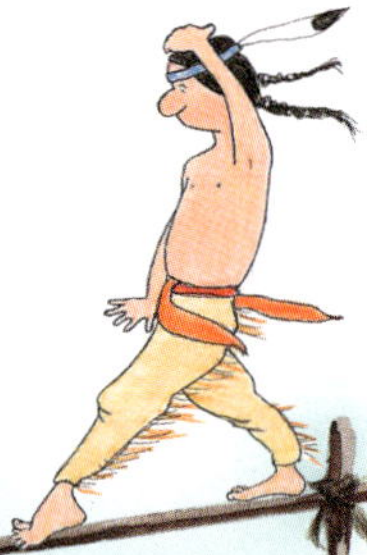

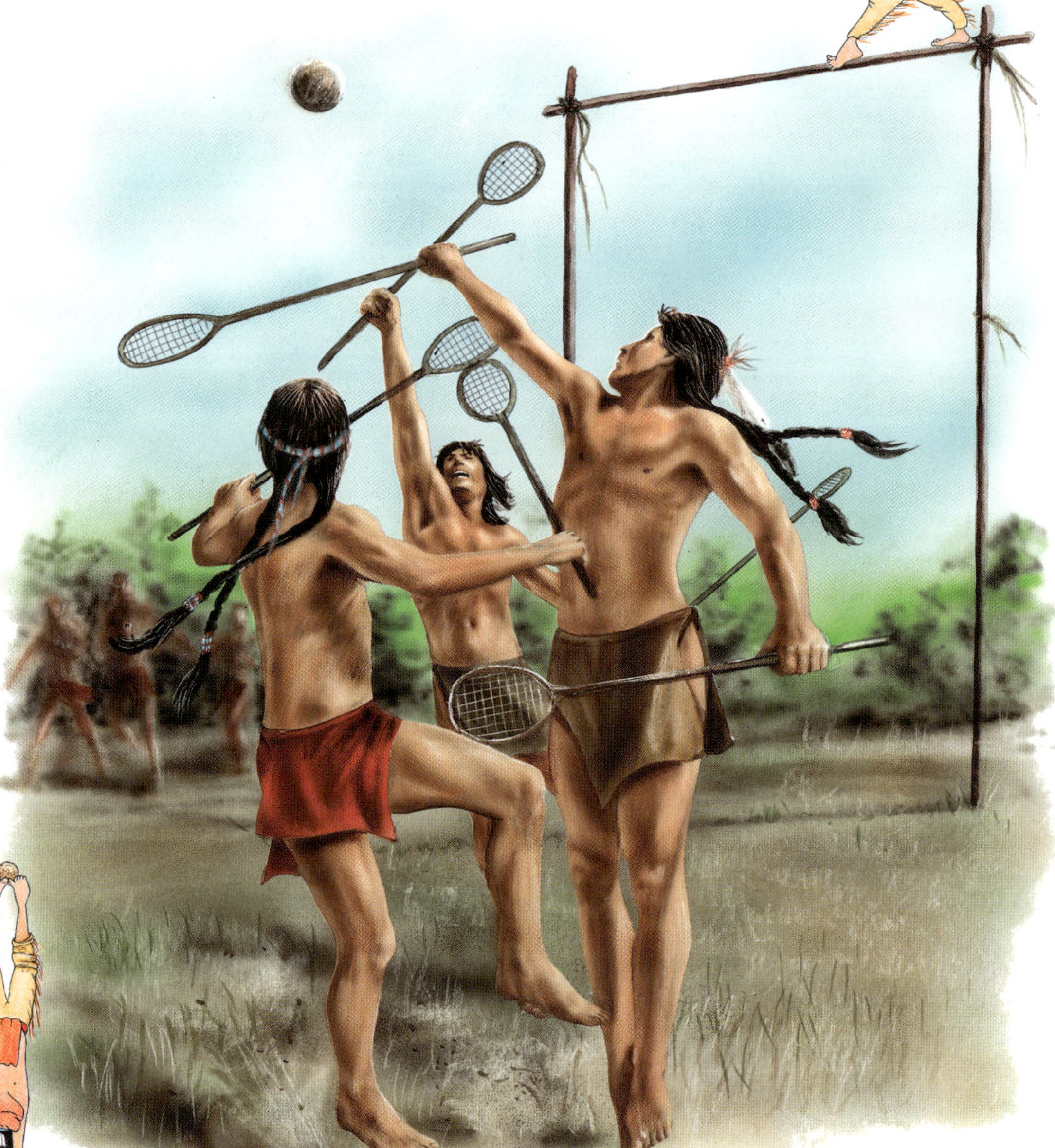

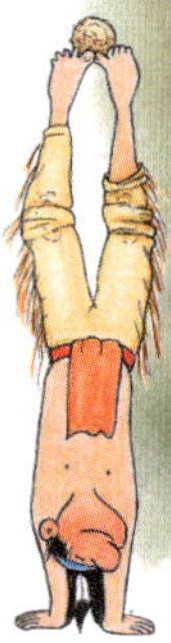

Die erfahrensten Männer eines Stammes trafen im Stammesrat die wichtigen Entscheidungen für die ganze Gemeinschaft. Der Stammesrat war eine Art Regierung und wählte auch den Häuptling.

Die Indianerfrauen, die Squaws (sprich: Skwos), kümmerten sich vor allem um Essen und Kleidung. Sie bearbeiteten Büffelhäute, trockneten Fleisch und webten Decken.

Ohne Muscheln kein Geschäft

Die Indianer brauchten kein Geld, denn sie wickelten die meisten Geschäfte im Tauschhandel ab. Wenn ein Indianer etwa ein Pferd kaufen wollte, bezahlte er mit Fellen, Getreide oder Fleisch. Sehr begehrt bei den weißen Händlern waren Biberfelle. Es gab aber auch einige Stämme, die statt Geld bunte Perlen und Muscheln benutzten.

Wie wurden kleine Indianer groß?

Die Indianerjungen verbrachten den Tag mit Wettläufen und Herumtoben oder übten sich im Bogenschießen. Sie bereiteten sich auf den großen Tag vor, an dem sie der Vater zum ersten Mal mit auf die Jagd nahm.

● Die kleinen Indianermädchen blieben im Dorf bei den anderen Frauen. Unter den Augen der Mütter und Großmütter spielten sie mit selbst genähten Puppen und lernten schon früh, sich im häuslichen Leben nützlich zu machen. Die Indianermütter erzogen die Mädchen, die Väter ihre Söhne.

Die Puppe eines kleinen Indianer- mädchens

Dieses Indianermäd- chen trägt seinen kleinen Bruder in einer kunstvoll ver- zierten Tasche.

● Ein Kind zu schlagen, war für die Indianer un- denkbar. Sie verzichteten sogar auf jedes harte Wort. Die kleinen Indianer lernten neue Sachen wie etwa das Reiten, indem sie beobachteten, zuhörten, ausprobierten und mitmachten.

Wie wohnten die Indianer?

Die Prärie-Indianer waren viel unterwegs. Deshalb brauchten sie Behausungen, die schnell auf- und abzubauen waren und sich leicht transportieren ließen. Solche Zelte heißen Tipis.

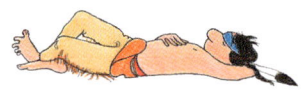

Tipis sind kegelförmige Zelte aus Stangen und Büffelhäuten. Sie haben oben eine Öffnung, aus der Rauch abziehen kann. Im Sommer werden einfach die Seitenwände hochgerollt.

Zusammengenähte Büffelhäute

Rauch-
klappe

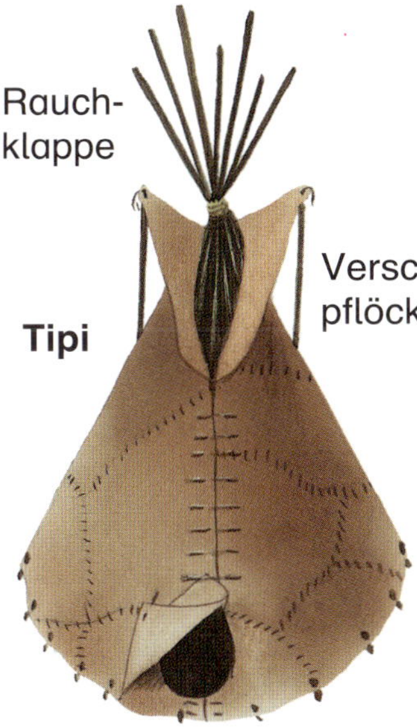

Verschluss-
pflöcke

Dreibein-
gestell

Tipi

Die nordamerikanischen Wald-Indianer wohnten in Rundhütten. Diese Wigwams bestanden aus Stangengerüsten, die mit Rinden und Matten bedeckt wurden.

Wigwam

Hogan

Die Navajos im Südwesten Nordamerikas wohnten im Hogan, einem mit Lehm bedeckten Kuppelbau aus Weidengeflecht.

Wie kleideten sich die Indianer?

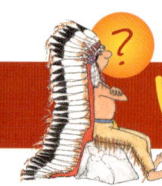

Die Kleidung der Indianer war von Stamm zu Stamm verschieden. Eines aber war bei allen gleich: Zu festlichen Anlässen präsentierten sie ihre kostbarsten Gewänder, die oft reich bestickt waren.

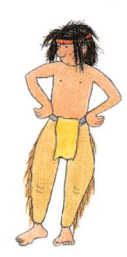

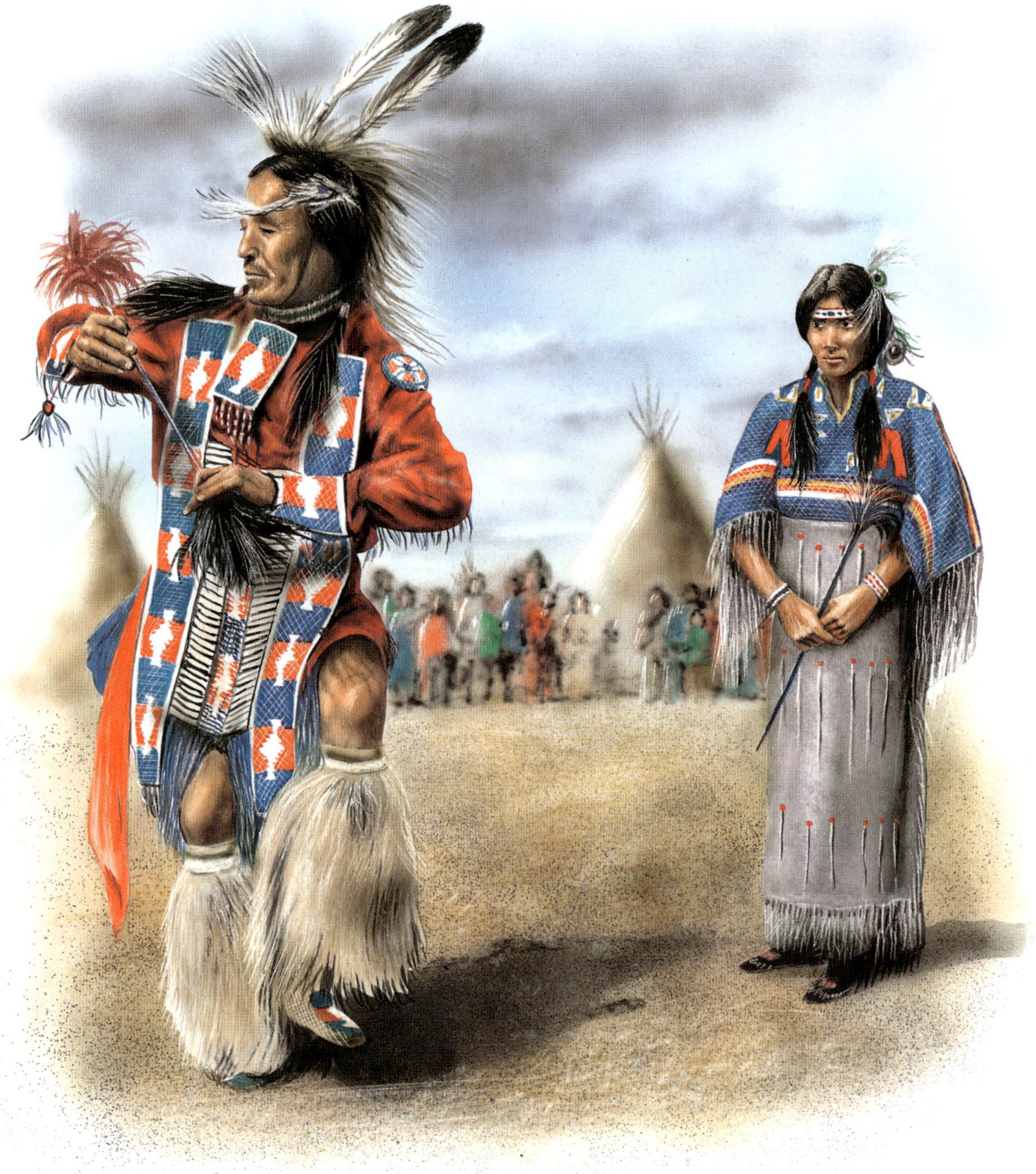

● Die Alltagskleidung bestand vollkommen aus Leder. Über einen Lendenschurz zog der Indianer ein Jagdhemd an und schützte sich mit einem Büffelmantel vor der Kälte. Weiche, bestickte Mokassins umhüllten seine Füße. Die Frauen trugen lange Kleider und Leggins, das waren Hosenbeine, die am Gürtel angeschnürt waren.

Mokassins sind weiche Lederschuhe, die jeder Stamm mit eigenen Mustern und Zeichen bestickte oder bemalte.

● Die Wüsten-Indianer schützten sich durch das Bemalen ihrer Haut vor der Sonne. Auch hielt der Duft der Farben die lästigen Fliegen ab. An der Gesichtsbemalung konnte man außerdem erkennen, zu welchem Stamm ein Indianer gehörte und welche Taten er vollbracht hatte.

Der **Lendenschurz** war das wichtigste Alltagskleid. Dazu wurde ein Tuch zwischen die Beine und den Gürtel geschlungen.

Wofür brauchten die Indianer den Büffel?

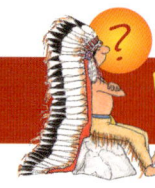

Für die Indianer war der Büffel die Lebensgrundlage. Sein Fleisch, ob gekocht, geröstet oder gedörrt, diente ihnen als wichtigstes Nahrungsmittel. Der Büffel lieferte aber auch noch andere nützliche Dinge wie zum Beispiel Kleidung und Werkzeuge. Selbst die Blase des Tieres wurde gesäubert, präpariert und dann als eine Art Kochtopf benutzt.

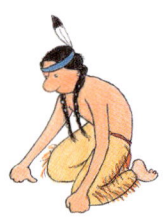

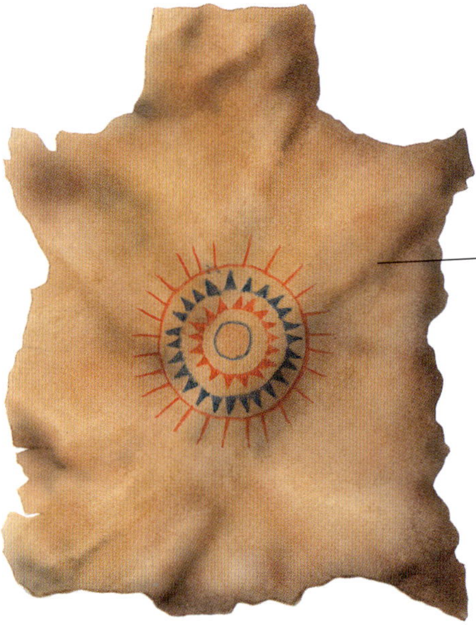

Die **Häute** des Büffels wurden für die Planen der Tipis und für Kleidung verwendet.

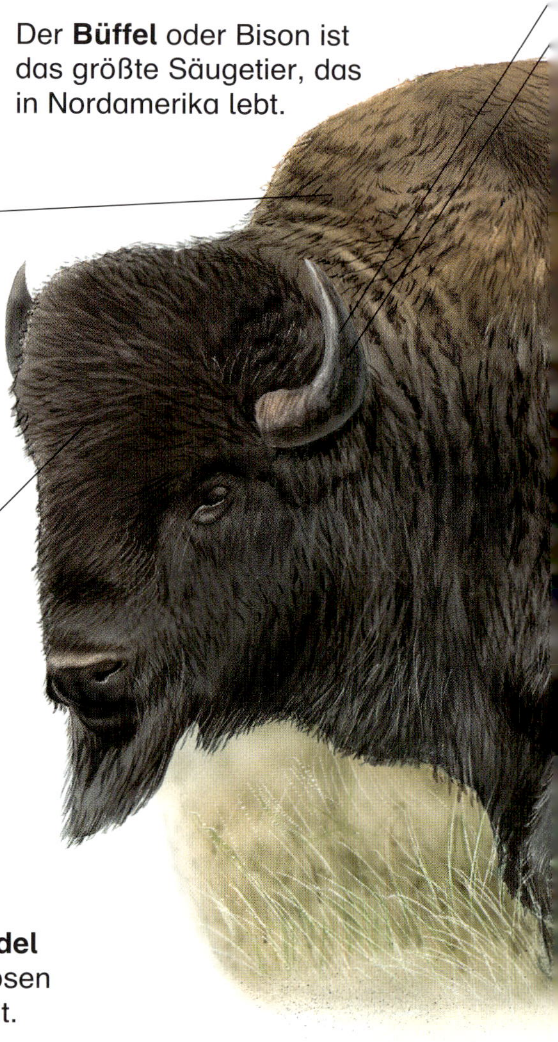

Der **Büffel** oder Bison ist das größte Säugetier, das in Nordamerika lebt.

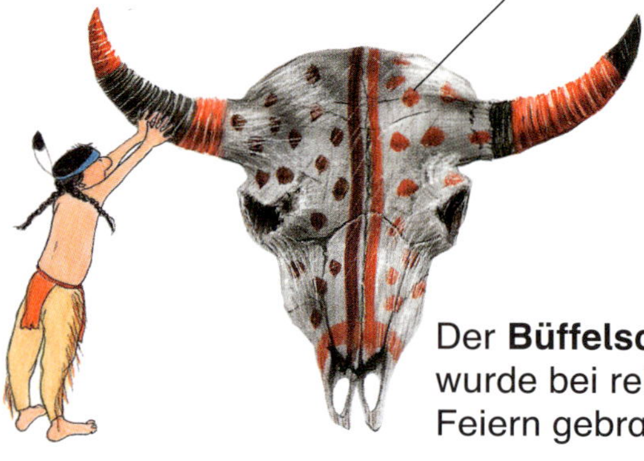

Der **Büffelschädel** wurde bei religiösen Feiern gebraucht.

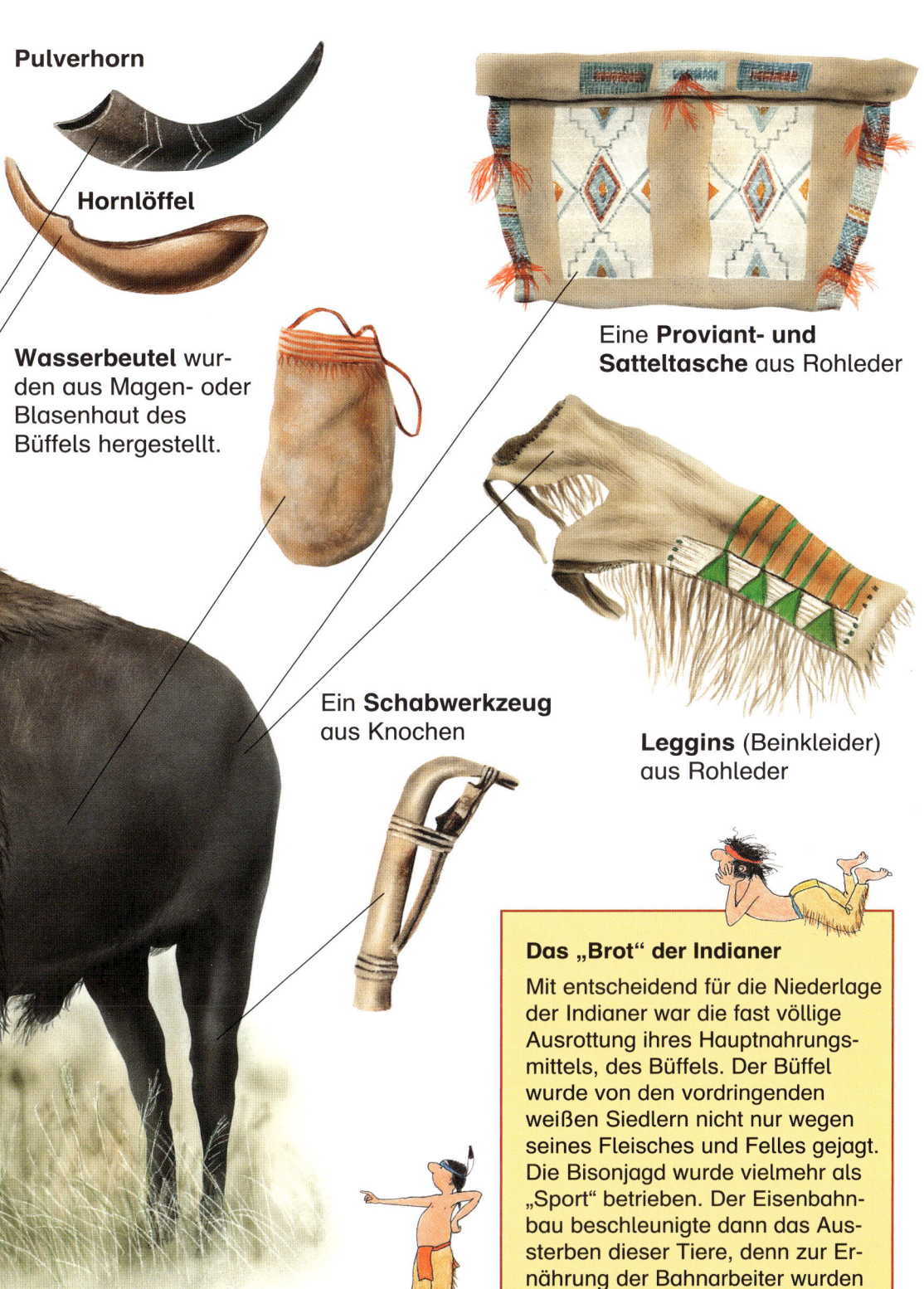

Pulverhorn

Hornlöffel

Wasserbeutel wurden aus Magen- oder Blasenhaut des Büffels hergestellt.

Eine **Proviant- und Satteltasche** aus Rohleder

Ein **Schabwerkzeug** aus Knochen

Leggins (Beinkleider) aus Rohleder

Das „Brot" der Indianer

Mit entscheidend für die Niederlage der Indianer war die fast völlige Ausrottung ihres Hauptnahrungsmittels, des Büffels. Der Büffel wurde von den vordringenden weißen Siedlern nicht nur wegen seines Fleisches und Felles gejagt. Die Bisonjagd wurde vielmehr als „Sport" betrieben. Der Eisenbahnbau beschleunigte dann das Aussterben dieser Tiere, denn zur Ernährung der Bahnarbeiter wurden Tausende von Büffeln erlegt.

Welche Berufe hatten die Indianer?

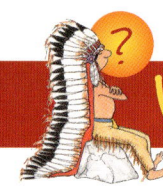

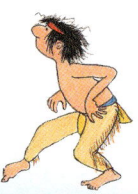

Das richtete sich vor allem nach der Landschaft und dem Klima, in dem sie lebten. Die Prärie-Indianer auf den flachen Weideländern im Herzen Nordamerikas lebten von der Jagd. Deshalb folgten die Cheyenne und die Sioux den riesigen Büffelherden durch das Land, sie jagten aber auch Bären, Antilopen und Hirsche.

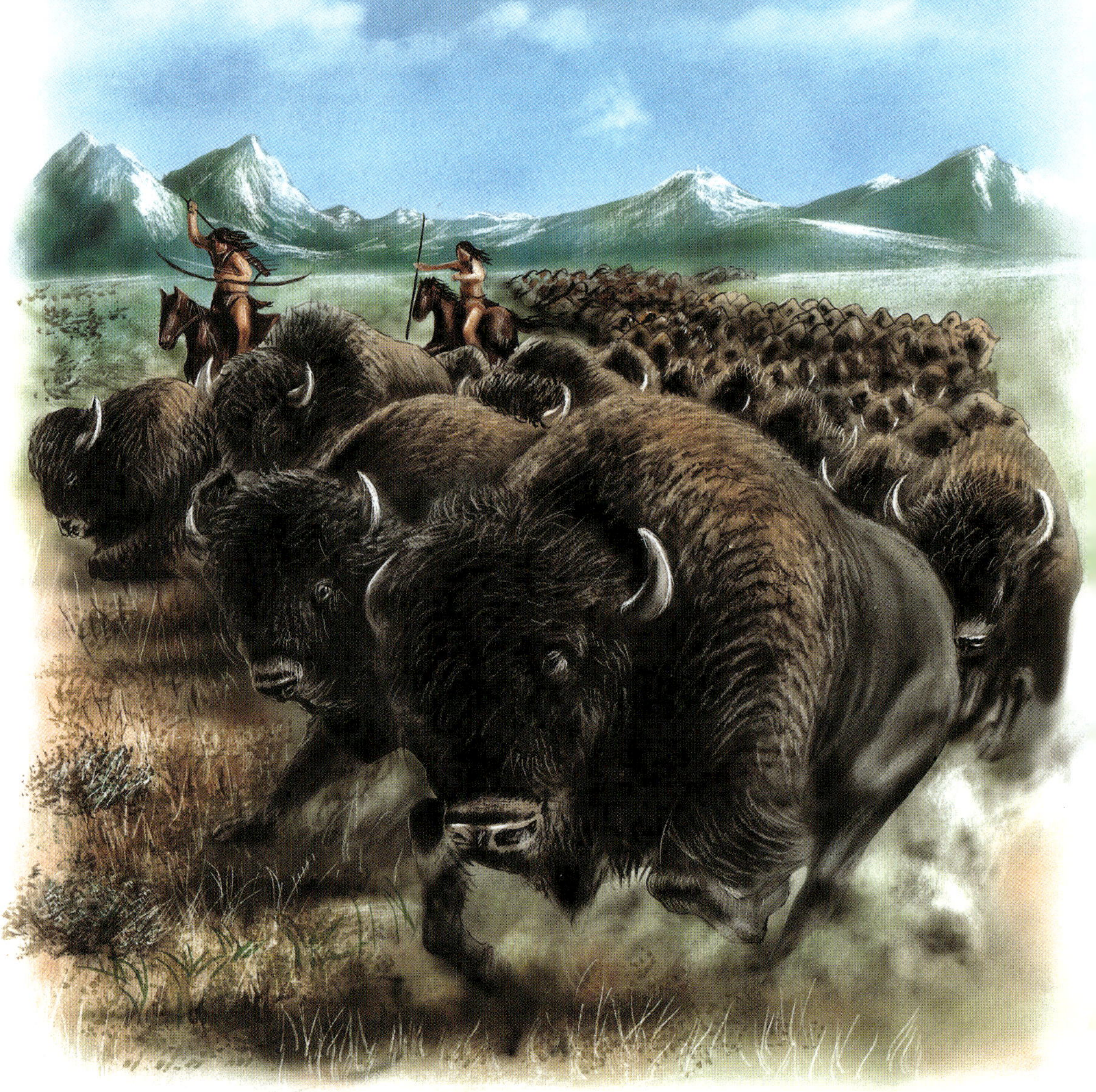

● Im Südwesten des nordamerikanischen Kontinents lebten die Pueblo-Indianer als Bauern. Sie bewässerten den dürren Boden und pflanzten Mais, Tabak, Bohnen und Kürbisse an. Außerdem hielten sie Ziegen und Schafe.

● Die Indianer an der feuchten Pazifikküste, wie zum Beispiel die Nootka oder Makah, lebten vom Fischfang. Sie fischten im Meer, aber auch in Flüssen und Seen und machten Jagd auf Seehunde und Seelöwen, ja sogar auf Wale.

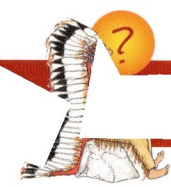

Es gab viele Gründe für die Indianer, in den Kampf zu ziehen oder, wie sie es nannten, auf den Kriegspfad zu gehen. So mussten sie sich verteidigen, wenn andere Stämme die Grenzen ihres Gebiets verletzten oder wenn ihre Pferde gestohlen wurden. In seinem Stamm war ein ruhmreicher Krieger ein hoch angesehener Mann.

Bevor die Indianer in den Kampf zogen, stimmten sie sich mit Kriegstänzen darauf ein. Der Tanz hatte eine sehr wichtige religiöse Bedeutung. Durch den beschwörenden Tanz, so glaubte man, wurde Kontakt zu den „Geistern" aufgenommen.

Das Vordringen der weißen Siedler in die von Indianern bewohnten Gebiete stieß von Anfang an auf Widerstand. Über lange Zeit lieferten sich die Indianer mit den Siedlern und Soldaten der Regierungsarmee viele erbitterte Schlachten.

Was waren die Waffen der Indianer?

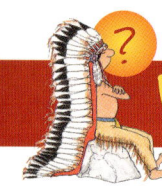

Die Bewaffnung der Indianer bestand zumeist aus Speer, Pfeil und Bogen sowie einem Wurfbeil, dem Tomahawk, und einem Messer. Das Material dieser Waffen war meistens Holz. Es gab aber auch, wie bei den Sioux, Bögen aus Büffelhorn. Pfeil- und Speerspitzen bestanden zunächst aus Stein oder Knochen, später dann aus Eisen.

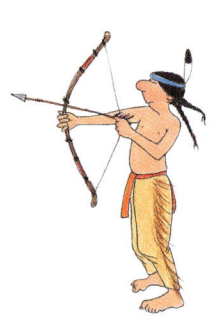

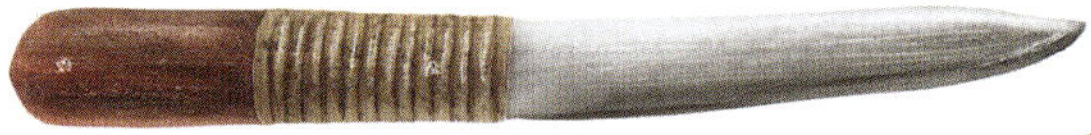

Ein **Kampfmesser**, wie es die Chippewa-Indianer trugen

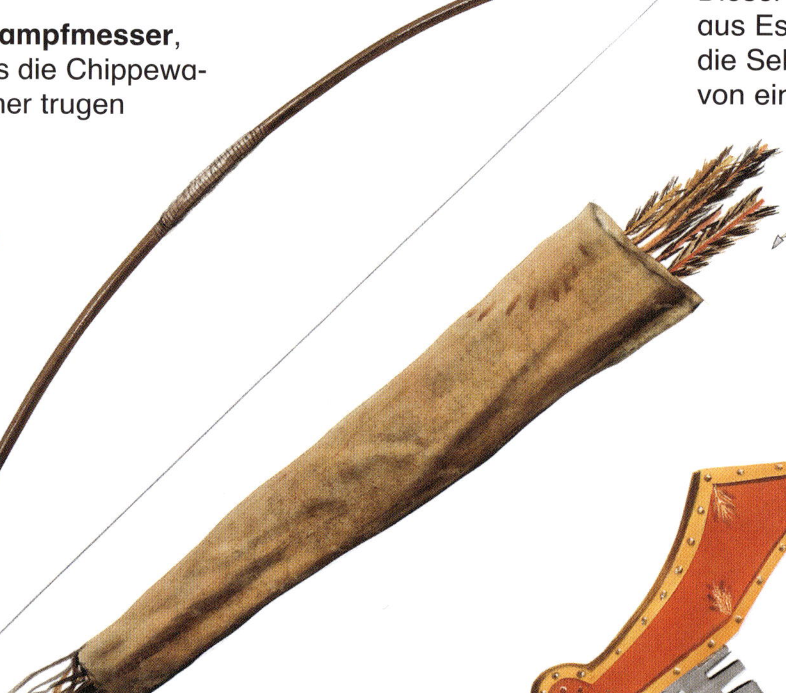

Dieser **Bogen** ist aus Eschenholz, die Sehne stammt von einem Bison.

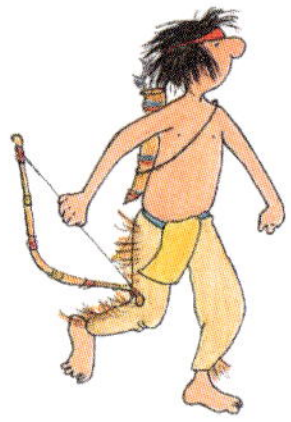

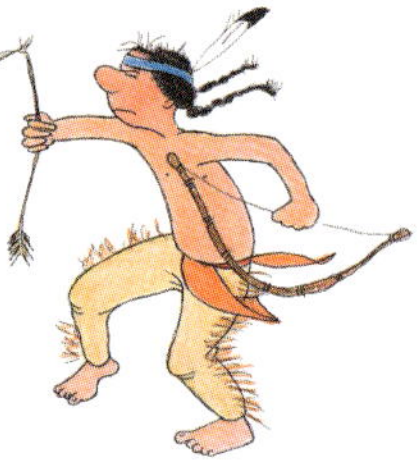

Hirschlederköcher und Pfeile eines Sioux-Indianers

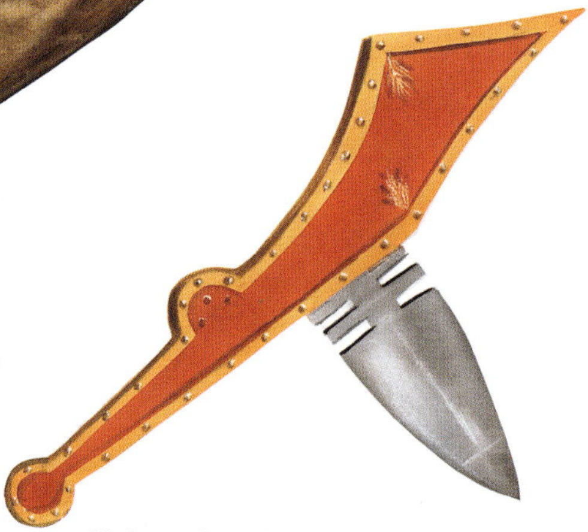

Kriegskeule mit Messer eines Fox-Indianers um 1830

Auch die moderneren Waffen der Weißen fanden mit der Zeit immer mehr Verwendung bei den Indianern. Gewehre wurden bei Raub- und Kriegszügen erbeutet oder aber gegen Häute und Felle eingetauscht.

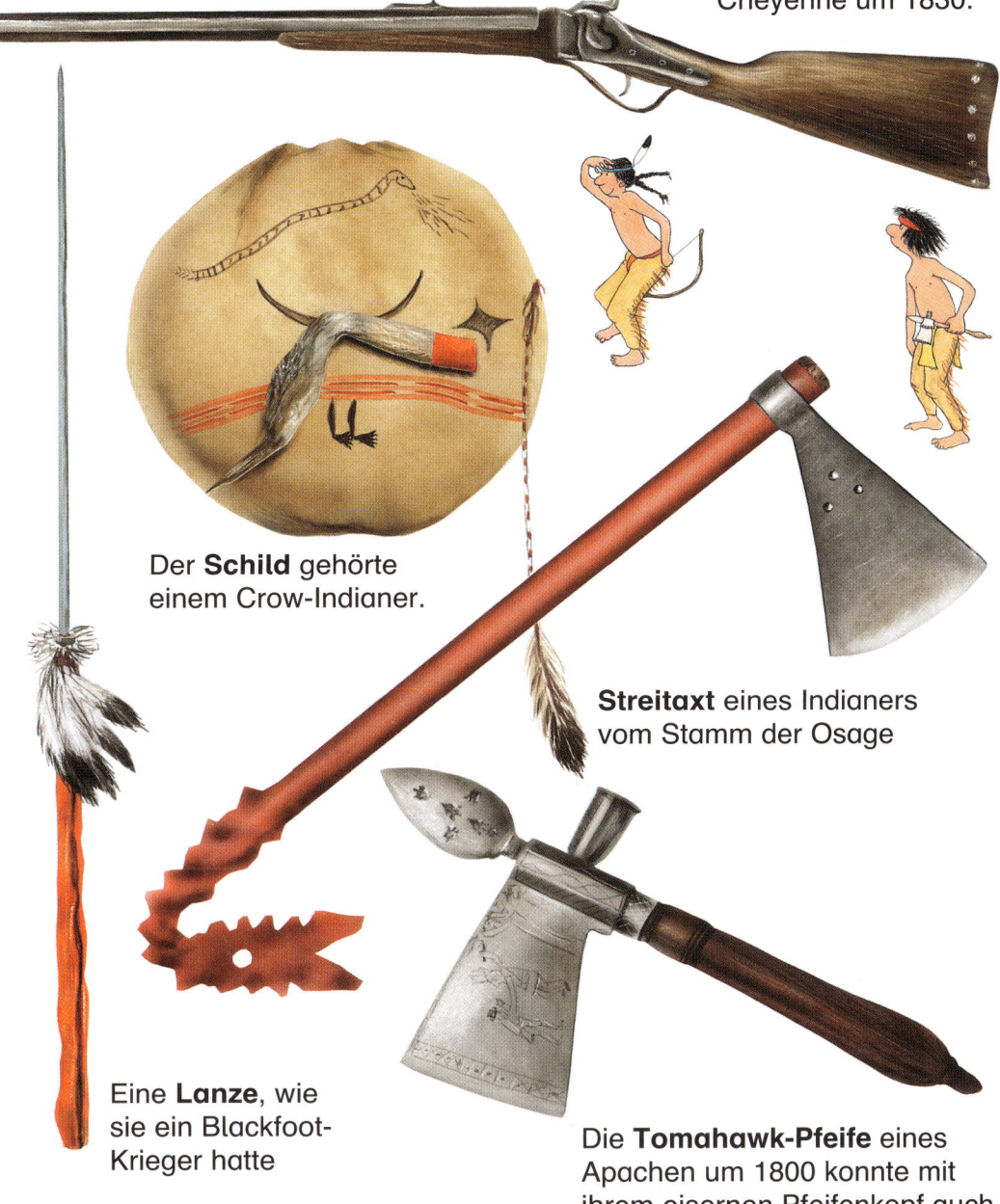

Dieses **Gewehr** benutzte ein Cheyenne um 1830.

Der **Schild** gehörte einem Crow-Indianer.

Streitaxt eines Indianers vom Stamm der Osage

Eine **Lanze**, wie sie ein Blackfoot-Krieger hatte

Die **Tomahawk-Pfeife** eines Apachen um 1800 konnte mit ihrem eisernen Pfeifenkopf auch friedlichen Zwecken dienen.

Wie jagten die Indianer?

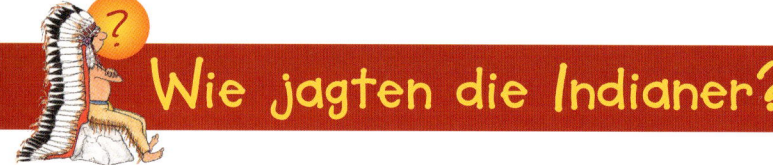

Während die Prärie-Indianer Büffel jagten, machten die Indianer im Norden Jagd auf Rotwild, Elche, Bären und Biber. Alle Indianer hatten großen Respekt vor der Natur; sie töteten nie mehr Tiere, als sie zum Leben brauchten.

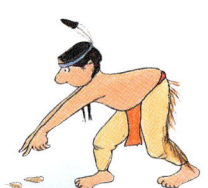

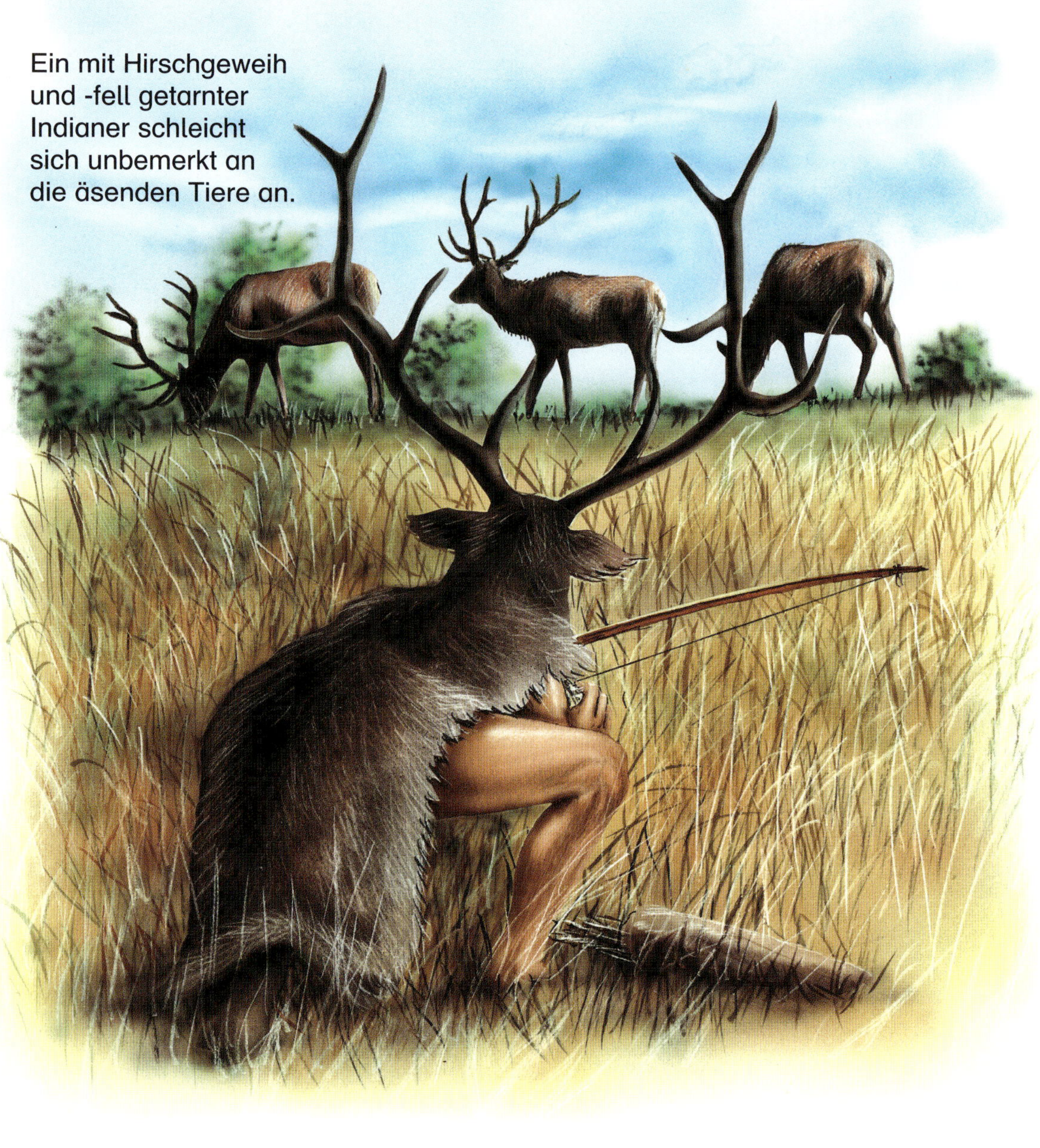

Ein mit Hirschgeweih und -fell getarnter Indianer schleicht sich unbemerkt an die äsenden Tiere an.

In ihrem Kanu bringen Indianer Biberfelle ins Lager. Biberfelle waren bei den weißen Händlern begehrt und wurden von den Indianern gegen Produkte der modernen Zivilisation wie z. B. Eisen oder Gewehre eingetauscht.

Mit Adlerfedern wurden alle heiligen Symbole der Indianer geschmückt.

Stolz hält dieser Jäger seinen mächtigen Jagdfreund, einen Adler.

Wer wurde Indianerhäuptling?

Häuptlinge hatten hohes Ansehen und mussten tapfer, klug, energisch, vertrauenswürdig, besonnen, wohlhabend und redegewandt sein. Sie waren weniger der Chef, sondern eher ein Ratgeber ihres Stammes. Es gab auch Stämme, bei denen Frauen zu Häuptlingen gewählt wurden.

Sitting Bull (zu Deutsch: Sitzender Stier, 1831–1890) war ein weiser Häuptling der Sioux. 1876 war er der Anführer der vereinigten Sioux-Stämme, die in der berühmten Schlacht am Little Bighorn den weißen Soldaten eine vernichtende Niederlage beibrachten. 1890 wurde er ermordet.

Red Cloud (1822–1909), Häuptling der Oglala-Sioux. Ihm gelang es in Pressekonferenzen, in denen er zum amerikanischen Präsidenten Grant sprach, die Sympathie vieler weißer Amerikaner für sich und sein Volk zu gewinnen.

Geronimo (1829–1909), der berühmte Häuptling der Apachen, verteidigte sich mit seinem Stamm bis zuletzt gegen die Weißen.

Indianer machen eine Zeitung

Sequoyah (1760–1843) war ein Häuptling der Cherokee. Er erfand ein neues Alphabet, aus dem die Cherokee-Indianer eine eigene Schrift und eine Grammatik entwickelten. 1821 wurde sogar erstmals eine Zeitung, der „Cherokee Phoenix", in dieser Schrift herausgebracht.

Was für Kunst gab es bei den Indianern?

Obwohl die meisten der über 600 Indianersprachen kein Wort für Kunst haben, ist die indianische Kultur berühmt für ihre Kunstwerke und ihr Kunsthandwerk. Indianische Künstler erstellen kunstvolle Gegenstände in der Töpferei, der Weberei, bei Schmucksachen und in der Malerei.

Mit dieser **Fidel** spielten die Apachen auf.

Eine **Holzflöte** der Sioux

Ein Pueblo-Indianer malt ein Sandbild. Solche Malereien hatten religiöse Bedeutung, sie dienten also der Götterverehrung. Alle diese Bilder wurden aus den fünf heiligen Farben Schwarz, Weiß, Rot, Gelb und Blau hergestellt.

Eine **Raspel**, wie sie die Ute-Indianer bei ihrem Bärentanz benutzten

Von den Pueblo-Indianern übernahm der benachbarte Stamm der Navajos die Kunst des Webens. Die Navajos waren außerdem kunstvolle Silberschmiede und Töpfer. Besonders schöne Schmuckstücke wie diesen Armreif stellten sie aus Silber und dem Edelstein Türkis her.

Vom Krieger zum Kunsthändler

Der Verkauf von indianischer Kunst ist heute für viele Indianer eine wichtige Einnahmequelle. Gerade das Leben in den Reservaten, die oft in unfruchtbaren Gegenden eingerichtet wurden, ist nicht leicht. Um ihren Lebensunterhalt zu verdienen, sind die Indianer darauf angewiesen, selbst angefertigte Schmuckstücke, Webereien, Bilder oder Töpferwaren an Touristen zu verkaufen.

Warum zogen die Indianer durch die Prärie?

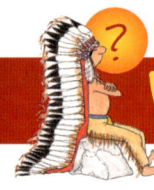

Die Prärie-Indianer waren sehr oft auf Wanderschaft, weil sie den umherziehenden Büffelherden folgen mussten. Die großen Indianerstämme waren unterteilt in zahlreiche Unterstämme, die über das weite Land verstreut lebten. Im frühen Sommer trafen sich aber alle Stämme, um Rat abzuhalten. Im Winter verlegten die Indianer ihr Camp meistens in wärmere Regionen.

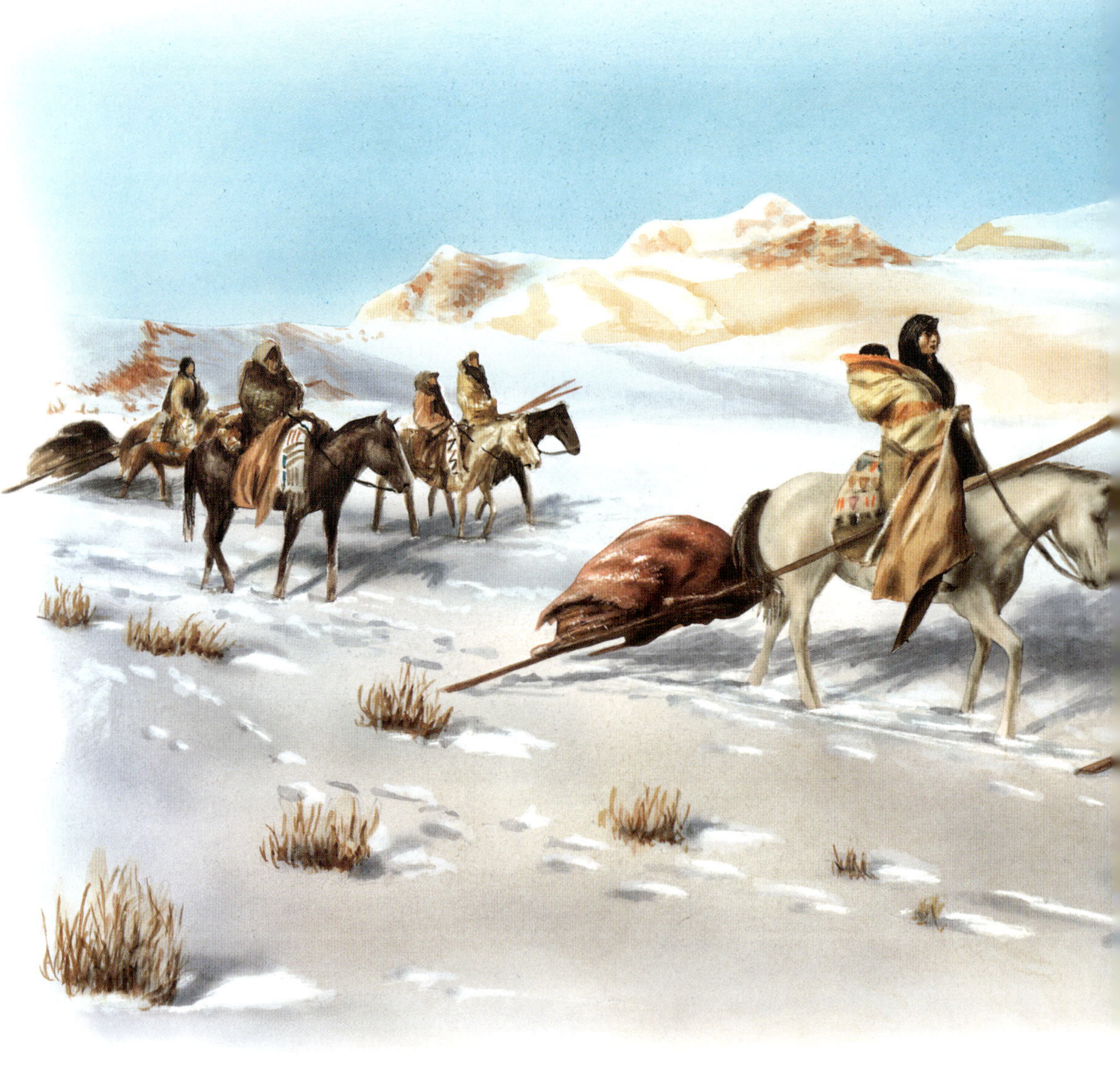

Crow-Indianer verlegen
ihr Lager in südlichere
Regionen, wo es im
Winter wärmer ist.

Welche Transportmittel gab es?

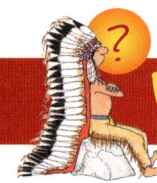

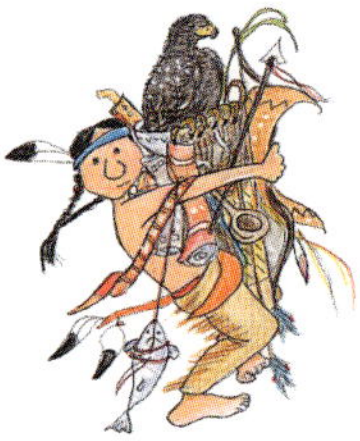

Die Beförderung von Lasten auf dem Land war für die Indianer ein großes Problem. Denn erst mit den Weißen kamen Pferde und Esel nach Amerika. Bis dahin waren Hunde die einzigen Haustiere. Sie wurden als Wachhunde eingesetzt und dienten auch als Zugtiere.

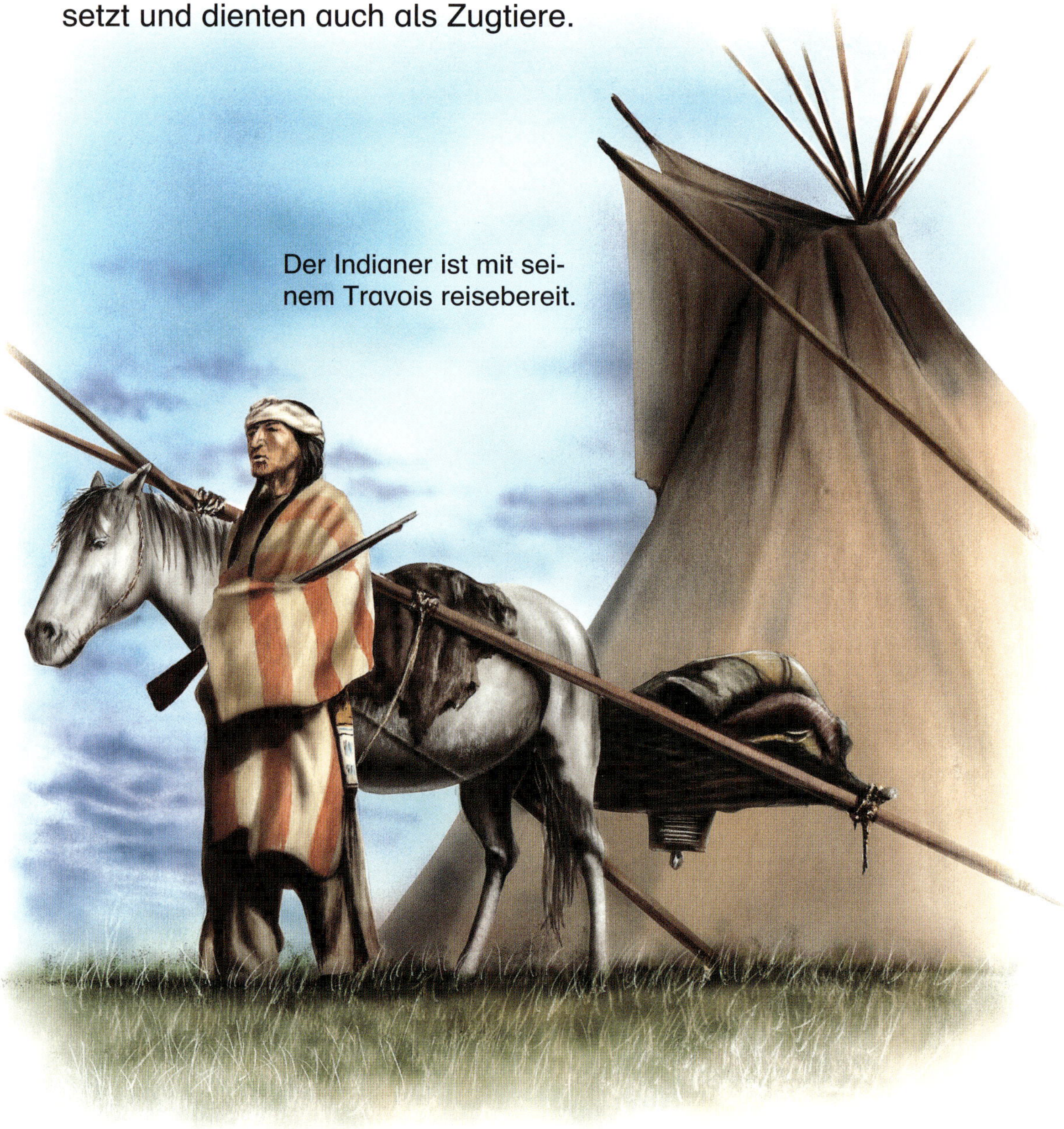

Der Indianer ist mit seinem Travois reisebereit.

● Ein Travois (sprich: Travoa) ist eine Trage, die aus den Stangen eines Tipis besteht. Diese Zeltstangen werden mit breiten Bändern verknotet, die aus Büffelleder geschnitten sind. Vor allem die Indianerfrauen verstanden sich darauf, solche Schleppgestelle herzustellen.

Das Tipi wurde nach einem genauen Muster zusammengefaltet (siehe Abbildung 1−6) und dann auf den Packsattel, das Travois, geschnürt.

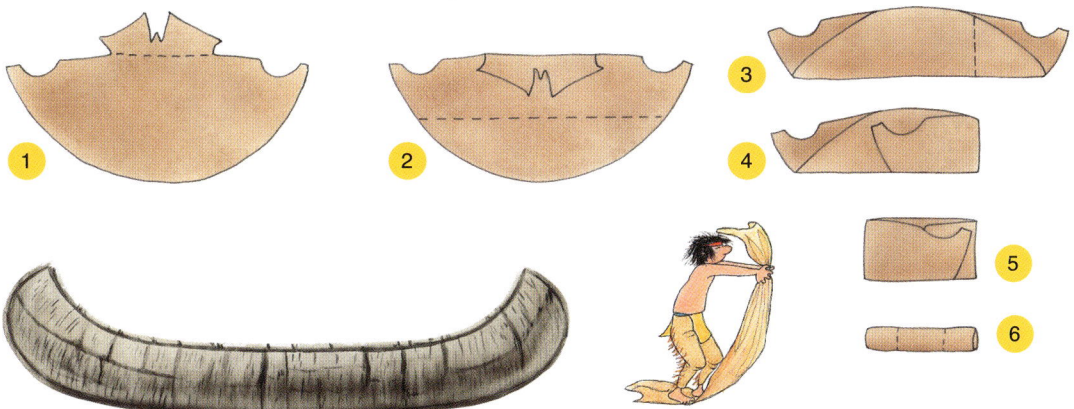

Für den Transport auf dem Wasser hatten die Indianer verschiedene Bootstypen. So hatten die Prärie-Indianer sogenannte Bull-Boote; das waren Korbgestelle, die mit Büffelhaut umspannt waren.

Ein anderer Bootstyp bei den Indianern war das Kanu, das aus Holz und Birkenrinde bestand.

Zu den Bildern auf dieser Seite wird dir jeweils eine Frage gestellt. Wenn dir die Antwort nicht einfällt, dann schlag im Buch einfach die abgebildete Illustration auf.

Wie heißen diese Schuhe?

Was hat er auf dem Kopf?

Woraus ist diese Tasche gemacht?

Woraus ist dieser Gegenstand?

Wie heißt diese Figur?

Woraus besteht dieses Boot?

Was macht man
mit diesem Gerät?

Was bedeutet
diese Bemalung?

Wie heißt dieser Mann?

Was bedeutet dieses Zeichen?

Was ist das für
ein Gegenstand?

Wem gehört die Puppe?

Register

FRAG MICH WAS!

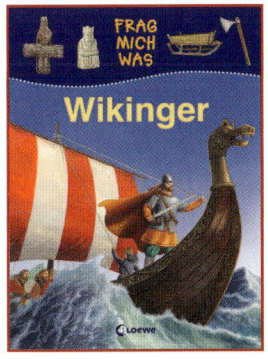

Wikinger

Altes Ägypten

Dinosaurier

Unter der Erde

Ritter

Sonne, Mond und Sterne

Steinzeit

Mineralien und Gesteine

Weitere Titel der Reihe:

- Autos
- Bauernhof
- Die Erde
- Feuerwehr
- Eisenbahn
- Fußball
- Flugzeuge
- Lastwagen
- Mein Körper
- Pferde
- Piraten
- Schiffe
- Vulkane
- Wale und Delfine
- Wilde Tiere